Dieses Buch gehört:

. . . .

Impressum

2. Auflage, 2023

Autorin & Verlegerin: Nadin Voß
Geschichtenzauberei, Kranichweg 12, 15299 Müllrose
Cover, Layout, Satz & Illustrationen:
Sandra Rodenkirchen – pünktchen Text- und Grafikatelier
Lektorat: Katharina Platz – Textgenau
Korrektorat: Daniela J. Pusch – scriptdoktor.com
Druck: Samson Druck GmbH,
5581 St. Margarethen
Printed in Austria

ISBN 978-3-9818842-4-1

www.geschichtenzauberei.de

Zipfel und Mütze

Der falsche Osterhase

von Nadin Voß
mit Bildern von
Sandra Rodenkirchen

Dieses Buch enthält
Ausmalbilder und darf
gerne bunt werden!

Der Frühling ist da. Der Schnee
schmilzt. Tropf, tropf, tropf, klopft es
auf das Dach von Familie Waschbär.
Die Sonne weckt die ersten Blumen.

Noch etwas müde schaut Mütze aus
dem Fenster. Er sieht Zipfel im Baum
vor dem Haus.

Sie singt und springt

von Ast zu Ast.

„Ja, ja, ja, der Frühling

ist wieder da.

Bald gibt es ein riesiges Osterei.

Nur den Fuchs,

den wollen wir nicht dabei."

Mütze schiebt seine grüne Brille

zurecht. Er rennt zu Zipfel und stimmt

ein:

„Der Fuchs geht um,

doch wir sind nicht dumm!"

9

Zipfel nickt: „Ja, die spitzen Zähne

von Edgar sind zum Fürchten!

Wie gut, dass er nicht hier ist."

Beide toben durch den Wald und

spielen Fangen.

Mütze muss sich kurz ausruhen.

Zipfel ist schnell wie der Blitz.

Sie klopft Mütze von hinten auf die

Schulter:

„Du bist!"

Mütze dreht sich um und
sieht Zipfel hinter einem
Busch verschwinden.

„Ahhhh!"

Mit einem großen Satz
springt er hinterher.

Sie fallen in ein Loch und kullern durch
einen Tunnel, bis sie in einer
großen, dunklen Höhle landen.
Zähne klappernd
hält Mütze sich so doll an
Zipfel fest, dass sie fast
keine Luft mehr bekommt.

„Nun lass doch mal los! Wo sind
wir hier?", fragt Zipfel erstaunt.
„Ein Fuchsbau. Zipfel, wir sind in
einem Fuchsbau. Hier wohnt Edgar!
Rette mich. Bitte, bitte, bitte!",
fleht Mütze zitternd.
Zipfel wird ganz grün um die Nase.
„Ach du heilige Haselnuss.
Habe keine Angst. Ich beschütze dich",
sagt Zipfel ganz leise. Aber auch ihr ist
ein wenig mulmig.

Mütze kuschelt

sich dicht an Zipfel.

Es gibt so viele

Tunnel, die

von hier wegführen.

Aber welcher ist

der Richtige?

„Ich höre leise Musik.

Du auch?", fragt Mütze.

Zipfel lauscht.

„Ja, ja, **ja!**

Da spielt **Musik!"**

Zipfel flitzt sofort los.

14

BOING.

Das ging schief.

Sie ist gegen die Wand gerannt.

Mütze schlägt sich gegen die Stirn:

„Zappel-Zipfel, jetzt warte doch mal. Du siehst doch gar nicht, wo du hinläufst. Ich ertaste uns den richtigen Weg."

Mütze schiebt
sich an Zipfel
vorbei. Zipfel bleibt
dicht hinter ihm.
Am Ende des Ganges
funkelt ein Licht. Vorsichtig nähern sich
Zipfel und Mütze. Sie hören jemanden
singen:

„Bisher war ich nie dabei,
jetzt gehört mir jedes Osterei!
Hahaha, tiralala."

Sie erkennen die Stimme: Edgar, der
Fuchs. Erschrocken treten sie zurück. In
einem Käfig steht Pepe Hase.

In einer bunten Schürze bemalt er
hunderte Ostereier.

Aber wo ist Edgar? Nur noch sein leises
Summen ist zu hören. Wie ein Roboter
bemalt Pepe ein Ei nach dem anderen.

„Ich male, ich male
wie der Osterhase",
singt Pepe laut
weinend.

Mütze ruft aufgeregt:

„Pepe, was machst du da?

Du bist doch nicht der Osterhase!"

„Mütze, Zipfel, ihr seid meine Rettung",

ruft Pepe aufgeregt. „Edgar hat gedroht,

dass er meine ganze Familie frisst,

wenn ich nicht alle Eier bemale.

Er holt gerade noch einen neuen,

großen Korb Eier vom

Bauernhof."

„Wir holen dich da raus!",

ruft Zipfel mutig und versucht,

das Gitter zu öffnen.

Doch das ist fest verschlossen.

20

„Ich habe das auch schon versucht.
Edgar hat den Schlüssel an seinem
Gürtel", sagt Pepe ihr leise ins Ohr.

Zipfel überlegt:
„In der Kuhle liegen Wurzeln.
Damit können wir das Gitter
aufbrechen. Ich hole sie."
Schon rennt sie Hals über Kopf den
Gang entlang zurück.

„Sei auf der Hut! Edgar kann jeden
Moment zurück sein!", ruft Mütze ihr
nach. Aber sie ist schon weg.

Mütze wird es unheimlich.

Er hört Zipfel nicht mehr.

„Sie kann sich Wege doch gut merken.

Hat sie sich etwa verlaufen?", fragt

Mütze sich laut. „Oder, oder, oder hat

Edgar sie gefressen?"

Ihm wird ganz übel vor Sorge.

„Mütze, Mütze, ich habe eine Wurzel.

Schau, damit bekommen wir

das Gitter auf!", ruft Zipfel und

stürzt eilig an Mütze vorbei.

Zipfel will gerade zusammen mit Mütze

den Hebel ansetzen, da packen zwei

kräftige Pfoten sie

von hinten.

23

„Habe ich euch.

Ich sperre euch zu Pepe.

Dann bemalt ihr für den Rest

eures Lebens Ostereier für mich.

Sonst hole ich mir eure Familien.

Hm, das wird lecker."

Edgar öffnet das Gitter. Mit Schwung

setzt er die beiden neben Pepe auf die

Bank. Zipfels Lippe zuckt.

Sie versucht, nicht zu weinen.

„Ich werde nie wieder von Baum zu

Baum springen, nie wieder mit euch

spielen", stöhnt sie traurig.

Mütze flüstert: „Zipfel, vertrau mir.

Wir kommen hier

wieder raus."

Edgar holt Schürzen und Pinsel. Er ist
einen Moment lang nicht aufmerksam:

„Auuu ja, ich

werde endlich König der Ostereier sein.
Ich werde mehr Ostereier haben, als der
Osterhase je gesehen hat."

Mütze baut heimlich aus Zipfels Wurzel
und Pepes Hosenträgern eine
Schleuder. Zipfel behält Edgar im Blick.
„Schnell! Pack die Schleuder weg. Edgar
kommt zurück", flüstert sie.

Mütze schiebt die
Schleuder unter Zipfels
Po. Edgar bindet Mütze durch
das Gitter die Schürze um.
In der Zeit versucht Pepe sich den
Schlüssel von Edgars Gürtel zu angeln.

Er zupft daran und hat ihn fast.

Da dreht Edgar sich auf einmal um.

Der Schlüssel rutscht Pepe aus der Hand

und fällt zu Boden.

Edgar ist rasend vor Wut. Er bäumt

sich vor Pepe auf wie ein wilder Bär.

Edgar zeigt seine spitzen Zähne.

Pepes Knie schlottern

vor Angst.

Zipfel greift zur
Schleuder
und schießt ein

Osterei direkt

in Edgars Gesicht.

Platsch.

Mütze nimmt einen Pinsel

und bespritzt Edgar mit Farbe.

Pepe nutzt die Gelegenheit.

Er schnappt sich den

Schlüssel

und öffnet die Käfigtür.

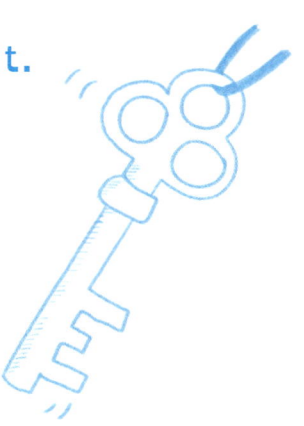

Dann stößt er das Regal mit

den **Eierkörben** um.

Alle **Eier landen**

auf Edgars Kopf.

Zipfel setzt zum **Sprung**

an und wirft sich mutig

auf Edgar.

„Hm, heut gibt es le**cke**res

Fuchs - Rührei!“,

ruft sie frech und lacht.

Mütze wirft Pepe ein Ende von dem
bunten Band zu.
Beide rennen im Kreis um Edgar
herum und fesseln ihn.

„Puh, das wäre
geschafft!",

rufen sie erleichtert.

Edgar beginnt furchtbar zu weinen.

„Du brauchst gar nicht heulen!

Geschieht dir ganz recht, weil du

so gemein bist!", schimpft Zipfel.

Er wimmert und stammelt:

„Es tut mir leid! Ich, ich,

ich wollte doch", schnieft er, „ich wollte

nur auch mal Ostereier suchen."

„Jedes Jahr bringt der Osterhase euch
volle Körbe und ich
bekomme nie etwas.
Nie darf ich mit euch feiern.
Alle haben nur Angst vor mir.
Und jetzt habt ihr mich auch noch
gefangen. Ich kann nicht
mal zuschauen."

UÄHHHHH.

Zipfel, Mütze und Pepe wundern
sich sehr. So haben sie Edgar noch
nie erlebt.

„Na klar haben wir Angst vor dir!
Wir wollen nicht gefressen werden",
sagt Pepe.

„Ich esse doch schon seit drei Jahren kein Fleisch mehr. Ich wollte euch nie etwas tun", erklärt Edgar.

„Echt? Das wussten wir gar nicht!", lenkt Zipfel ein.

„Wie auch, wenn nie jemand mit mir redet?", fragt der Fuchs weinend.

Zipfel löst das Band von Edgar.
Edgar zieht die Nase hoch und schmiert seine Tränen in sein Fell. Doch da! Ein lautes Knurren ertönt.

Zipfel, Mütze und Pepe schreien
auf. Edgar lacht laut los: „Das ist doch
nur mein Magen.

Ich habe zu viel
Kohl gegessen
und nun
rumpelt es in
meinem Bauch.
Ich tue euch nichts,
ehrlich."
Da lachen
auch Zipfel,
Mütze und
Pepe erleichtert.

„Ich habe eine Idee", ruft Mütze.

„Wir bemalen alle gemeinsam die Eier

und du hilfst uns, den Wald für das

Osterfest zu schmücken, Edgar."

„Wirklich? Ich darf euch helfen
und mit euch feiern?"

Zipfel plustert sich groß vor ihm auf:
„Ja! Und dann zeigen wir allen,
dass sie keine Angst vor dir
haben müssen. Selbst der
Osterhase nicht."

„Danke!
Es ist so schön, endlich
Freunde zu haben!",
ruft Edgar sehr glücklich.

Ende

Bastel dir deine eigene
Oster-Girlande

Dafür brauchst du:

Papier, bunte Farben, Schere, Locher, Kleber, einen weißen Kerzen-stummel oder Öl, bunte Nudeln, Glitzer, Sticker, Schnur

So geht es:

1. Die Vorlagen kopieren oder von der Webseite ausdrucken.
2. Die Eier ausschneiden und bunt bemalen.
3. Reibe mit einem Kerzenstummel über das Papier, damit das Ei schön glänzt. Oder du bestreichst es mit Öl, damit es durchsichtig wird. Das sieht super am Fenster aus!
4. Nun kannst du bunte Nudeln als Muster aufkleben und alles mit Glitzer oder Stickern verzieren.
5. Mache oben zwei Löcher in das Ei, um dort den Faden für die Girlande durchzufädeln.

Fertig ist deine bunte Ostergirlande!

Oster-Girlande

Oster-Girlande

Nadin Voß

Die **Autorin** hat sich ein großes Stück kindlicher Fantasie erhalten. Wenn sie beim Spielen mit ihrem Kleinsten den Schelm in lachenden Kinderaugen sieht, entstehen in ihrem Kopf gleich Bilder zu neuen Geschichten. Zipfel und Mütze kamen ihr in den Sinn, als sie mit der ganzen Familie herumgealbert hat. Ideen entstehen manchmal einfach im größten Trubel und den gibt es zum Glück zu jeder Jahreszeit.

www.geschichtenzauberei.de

Sandra Rodenkirchen

Die **Illustratorin** und Mutter von zwei Kindern lebt mit ihrer Familie auf einem kleinen idyllischen Hof im Münsterland. Dort gibt es nicht nur Hühner, sondern im Wald auch Eichhörnchen, Hasen oder Füchse zu entdecken. Und so purzelten die Bilder von Zipfel und Mütze auch bei diesem Osterabenteuer wieder aufs digitale Zeichenpapier.

www.puenktchen-tuga.de

Didaktische Anmerkungen

Titel: Zipfel und Mütze – Der falsche Osterhase

Leser: Für Mädchen und Jungen ab 6 Jahren

Lesbarkeit: Eine Ostergeschichte für Erstleser mit Ausmalbildern

Textumfang: 1.185 Wörter

Die Geschichte wurde speziell für Leseanfänger und leseschwache Kinder konzipiert. Der Text weist eine sehr einfache Lesbarkeit auf und ermöglicht es dem Kind, schwierige Wörter durch Wiederholung einzuüben. Der Text wird durch Illustrationen und Ausmalbilder aufgelockert, so dass er auch für Kinder geeignet ist, die noch Probleme haben, sich beim Lesen über einen längeren Zeitraum zu konzentrieren. Die eingefärbten Silben dienen als Unterstützung und erleichtern das Entschlüsseln von langen/komplexen Wörtern. Die größere Schrift und die weiten Zeilenabstände erleichtern es den jungen Lesern, sich den Text zu erschließen.

Die verwendete Schriftart heißt „OpenDyslexic". Diese Schriftart wurde für Leser mit Legasthenie entwickelt, eignet sich deshalb aber auch besonders gut für Erstleser.

Verwendeter Schriftfont: http://opendyslexic.org/

Entdecke die ganze **Erstlese-Reihe** von Zipfel und Mütze:
www.geschichtenzauberei.com

Frühjahr

„Zipfel und Mütze –
Der falsche Osterhase"
ISBN: 978-3-9818842-4-1

Sommer

„Zipfel und Mütze
im Feriencamp"
ISBN: 978-3-9818842-6-5

Herbst

„Zipfel und Mütze
im Geisterwald"
ISBN: 978-3-9818842-5-8

Winter

„Zipfel und Mütze verpassen
das Weihnachts-Postauto"
ISBN: 978-3-9818842-3-4

Silbenschreibweise,
Ausmalbilder
+ EXTRAS!